A los niños de todas partes,

Que esta historia de Ethan, el joven héroe de Veritas, te inspire a elegir siempre la honestidad. Su viaje nos recuerda que la verdad es el camino más valiente y el camino más seguro para hacer del mundo un lugar mejor.

Llevad su espíritu de integridad y valentía y dejad que vuestra verdad ilumine el mundo.

Con admiración y esperanza,

Libros Daian

El príncipe de la honestidad

por

Daian Books

Érase una vez, en el reino de Veritas, un joven llamado Ethan vivía feliz con sus padres.

A Ethan le encantaba explorar los frondosos bosques y jugar con sus amigos en el pueblo.

Sin embargo, Ethan notó
que algo no estaba bien. La
gente en el reino siempre
estaba susurrando y
ocultando secretos.

Un día, Ethan escuchó una conversación entre dos aldeanos que hablaban de un noble deshonesto llamado Lord Cedric.

La curiosidad surgió dentro
de Ethan y decidió investigar
la verdad.

Ethan se coló en el castillo de Lord Cedric, disfrazado de sirviente, para descubrir sus secretos.

Dentro del castillo, Ethan descubrió engaños dondequiera que mirara. Lord Cedric estaba difundiendo mentiras para manipular el reino.

El corazón de Ethan dolía por sus compañeros del pueblo que estaban sufriendo debido a la deshonestidad que plagaba el reino.

Ethan conoció a un anciano sabio llamado Benjamín, quien le enseñó la importancia de la honestidad y la integridad.

Con la guía de Benjamín, Ethan hizo un pacto secreto para exponer las mentiras de Lord Cedric y devolver la verdad al reino.

Ethan comenzó a recopilar pruebas de las acciones engañosas de Lord Cedric y las documentó cuidadosamente en un diario oculto.

Mientras Ethan continuaba su investigación, encontró nuevos desafíos y obstáculos en el camino.

La determinación de Ethan se fortaleció cada día que pasaba, impulsada por su pasión por la justicia y la verdad.

Un día, Ethan se topó con una carta dirigida a Lord Cedric, que revelaba sus siniestros planes para hacerse con el control del reino.

Al darse cuenta de la
urgencia de la situación,
Ethan decidió que era hora
de actuar y exponer la
verdadera naturaleza de
Lord Cedric.

Ethan ideó un plan para reunir a la gente del pueblo en la plaza del pueblo y presentar sus pruebas contra Lord Cedric.

Con el apoyo de Benjamín, Ethan se presentó con confianza ante la multitud y reveló la verdad sobre Lord Cedric.

Los aldeanos quedaron conmocionados y enojados por el engaño de Lord Cedric, y se unieron a la causa de justicia de Ethan.

Juntos, los aldeanos se enfrentaron a Lord Cedric y exigieron su destitución del poder.

En un giro dramático de los acontecimientos, Lord Cedric intentó negar las acusaciones, pero la evidencia era demasiado abrumadora.

Lord Cedric fue despojado
de su título y el reino
finalmente comenzó a sanar
de años de engaño y
corrupción.

Ethan se convirtió en un
héroe en Veritas,
admirado por su valentía,
honestidad e integridad
inquebrantable.

El reino celebró el triunfo de Ethan, y él fue recordado para siempre como el joven que devolvió la verdad a Veritas.

El viaje de Ethan le enseñó que la honestidad y la integridad son cualidades poderosas que pueden superar cualquier obstáculo engañoso.

En los años siguientes, Ethan creció hasta convertirse en un gobernante sabio y justo, asegurando que Veritas fuera un reino de verdad y justicia.

El legado del coraje y la
determinación de Ethan
perduró, inspirando a las
generaciones futuras a
elegir siempre el camino de
la verdad.

Y así, Veritas floreció bajo
el reinado de Ethan, un rey
que nunca olvidó las
lecciones que aprendió
cuando era niño.

El fin

¿Qué es la honestidad?

Honestidad significa decir la verdad y no ocultar cosas. Cuando somos honestos, decimos lo que realmente sucedió, no sólo lo que desearíamos que hubiera sucedido.

¿Por qué deberíamos ser honestos?

Confianza Cuando dices la verdad, tus amigos y familiares saben que pueden creer lo que dices. ¡Esto hace que confíen más en ti!

Paz Decir la verdad te ayuda a sentirte tranquilo por dentro. ¡No tienes que preocuparte por recordar mentiras!

Felicidad Ser honesto hace
que todos sean más felices.
Tus amigos están felices
porque saben que eres un
verdadero amigo y tú estás
feliz porque te sientes bien
haciendo lo correcto.